CÓMO ACOMPAÑAR UN DUELO

DE LA SERIE TANTO TIEMPO COMO SEA NECESARIO

MARTIN KEOGH

Traducido por
JEANETTE SORIA

INTIMATELY ROOTED BOOKS

Cómo acompañar un duelo
En Tiempos Insólitos
De la Serie TANTO TIEMPO COMO SEA NECESARIO

* * *

Intimately Rooted Books
Salt Spring Island, BC Canada
martinkeogh.com

"Esta es una guía práctica para quien está pasando un duelo y para sus amigos; cómo vivir con ese dolor, si expresarlo o no, cómo encontrar tu propia manera natural de sobrellevarlo. Se han escogido muy bellas citas de Neruda, Machado y Dickinson".
—Coleman Barks, traductor de *La Esencia de Rumi.*

* * *

"Este es un libro que todas las personas deberían tener, leer, y volver a leer. Contiene infinidad de sugerencias prácticas acerca de cómo ayudar a quienes sufren por la muerte de un amigo o un familiar. Cada página suena a verdad".
—Patton Boyle, Sacerdote de la Iglesia episcopal, consejero pastoral, autor de *El chillido del Halcón.*

* * *

"Este libro acaricia con suavidad cada esquina henchida de dolor en un corazón herido. Una conversación que encarna la presencia sanadora de la gracia de Dios... la esperanza que enjuaga con delicadeza el alma, el relato de una verdad restauradora del aliento de fe".
—Reverenda Helen W. Appelberg, Fundadora de Compassionate Friends.

* * *

"(Este libro) es sensible, esclarecedor y práctico para cualquiera que se esté preguntando qué decir, qué hacer, qué no hacer en relación con una amiga o un miembro de la familia que sufre un duelo".

—Marina Maimer, Enfermera Registrada, Hospital para Enfermos Terminales, St. Louis, MS.

* * *

"Este libro escrito con dulzura habla al corazón del proceso de acompañar a nuestros seres queridos que atraviesan una pérdida y un duelo. Es una adición imprescindible a un área de la que poco se habla en la literatura sobre el duelo y la pérdida".

—Chris Ingenito, Trabajador Social Clínico Licenciado del Hospital de Cuidados para Enfermos Terminales del Condado de Sonoma.

* * *

DEDICATORIA

*Aquel amigo que puede acompañarte en
silencio en un momento de confusión o
desesperación, aquel que permanece en un
momento de duelo o ante una pérdida, aquel
que puede tolerar el no saber, no sanar, no
curar y que puede enfrentar con nosotros la
realidad de nuestra impotencia, ese es un
amigo a quien le importa.*

—Henri Nouwen, La Soledad.

ÍNDICE

INTRODUCCIÓN

Vivimos en estos tiempos insólitos de la pandemia. Esto ha ocasionado que demasiados de nosotros tengamos que sobrellevar la muerte repentina de un ser querido.

En la escuela o en casa, rara vez nos enseñan las habilidades y la empatía necesarias para acompañar un duelo. No obstante, a muchos de nosotros se nos requiere contar con estas capacidades, algunas veces cuando menos lo esperamos.

Como ahora, por ejemplo.

Si tienes el deseo de acercarte a alguien que ha perdido a un ser querido o a su compañero en este brote de la enfermedad, este libro contiene maneras prácticas y sinceras para ofrecer tu apoyo.

Si tú eres quien está sufriendo una pérdida, este libro puede ayudarte a apreciar y articular tus sentimientos y necesidades durante este tiempo difícil y, quizás, abrumador.

Cómo acompañar un duelo tiene muchas sugerencias aplicables no solo a las muertes ocasionadas por Covid-19, sino por cualquier otra causa de muerte que surja mientras nuestro sistema de salud colapsa. En este libro, encontrarás herramientas que puedes usar para todo tipo de pérdidas.

Esta guía surgió como una respuesta a la dificultad específica que significa el dar y recibir apoyo con las restricciones de movilidad y proximidad vigentes. ¿Cómo proceder cuando ir a la casa de nuestra amiga y cocinarle no es posible, estar presente físicamente u ofrecerle un abrazo es impensable?

* * *

Es un libro escrito desde la voz de quien sufre la pérdida. Cuando voltees la página y empieces la lectura, verás las palabras que tu amiga encuentra difícil de pronunciar en medio del duelo. O si eres tú quien sufre una pérdida, este libro podría ayudarte a entender y a nombrar tus necesidades y emociones.

Las poblaciones de habla hispana se extienden por diferentes áreas a lo ancho y lo largo del mundo. Cada una con sus rasgos culturales específicos. Te invito a tomar las sugerencias en este libro y adaptarlas a las costumbres de tu región.

Puedes leer este libro en menos de una hora. Mi deseo es, sin embargo, que las habilidades y destrezas que obtengas afiancen tus relaciones por el resto de tu vida.

PRÓLOGO

Mi querido amigo:

TENGO NOTICIAS TERRIBLES.

ALGUIEN A QUIEN APRECIO ACABA de morir por esta pandemia. Ahora estoy pasando por un momento difícil, y tu apoyo me vendría bien.

ME DOY cuenta de que algunas veces es difícil saber cómo ayudar a alguien que está pasando por un duelo. Un día necesitamos compañía y al día siguiente queremos estar a solas. Algunas veces, todo lo que hace falta es una escucha compasiva y otras veces el recordatorio de alimentarnos.

Es probable que tengas miedo de hacer o decir algo que me cause aflicción. Algunas veces es difícil y confuso saber cómo y cuándo ofrecer ayuda. Por eso dibujé este mapa para mis amigos. Con todo lo que está sucediendo, me es difícil pedir ayuda. Es la razón por la que te entrego esta pequeña guía.

NADA DE LO que he puesto aquí requiere de un gran esfuerzo. Sin duda, no quiero pedirte nada que no nazca del cariño que me tienes. La verdad es que la mayoría del tiempo, todo lo que necesito es ese recordatorio sutil de que te importo.

EN LAS PÁGINAS que siguen encontrarás muchas sugerencias. Selecciona las que se sientan bien para ti. Te puedes sentir cómodo ayudándome con cuestiones prácticas como asuntos burocráticos o la obtención de la partida de defunción. O puede ser que quieras escucharme y darme apoyo emocional. El propósito de este libro es ayudarte a descubrir cuáles tipos de ayuda son las más genuinas y naturales para ti.

TAMBIÉN VERÁS las actividades y los estereotipos a evitar. Manejar esta información con la sensibilidad que amerita me ayudará a sanar.

CON LA MUERTE RONDANDO, atesoro cada momento. Estoy sufriendo ahora, pero quiero que sepas que me importas. Gracias por tu presencia en mi vida y por todo lo que me has dado.

Te lo agradezco profundamente…

I

PARECE IMPOSIBLE

PRIMEROS AUXILIOS PARA QUIEN VIVE UN DUELO RECIENTE

Me senté en el jardín mojado
por gruesas goteras de invierno
y me parecía imposible
que debajo de la tristeza,
de la podrida soledad,
trabajaran aún las raíces
sin el estímulo de nadie.

–Pablo Neruda.

1

Me acabo de enterar de que un ser querido falleció.
   No quiero que me trates como
   si estuviera enfermo o postrado.
   Aunque, en este momento, algunas veces,
   incluso las tareas más pequeñas se sienten gigantescas.

Tal vez te preguntes: "¿Hay algo que puedo hacer?"

En este estado, muchas veces no estoy seguro
   de lo que quiero o lo que necesito.
   Si no tengo una respuesta
   – que es probable–
   por favor, ofrece algo específico.

Quiero ayudarte a entender
por lo que estoy pasando.
A veces, es abrumador
vivir con tantas emociones
(o aturdimiento).

No es necesario que tú te sientas abrumada también.
Mientras avanzas en la lectura de las sugerencias
en estos capítulos, recuerda que
no tienes que hacerlo todo.

Estas son opciones.
Si te inspiran,
selecciona lo que te resulte natural.
estas son las atenciones
que más apreciaré.

Estoy abatida emocionalmente.
Algunas veces, olvidadiza.
Con la mente nublada.
Los detalles más pequeños parecen enormes.

DIME que es normal
para alguien que ha sufrido
este tipo de pérdida.

Sanar una herida emocional
    es similar a recuperarse de una lesión física.
    Motívame para que descanse
    y duerma lo suficiente.

PREGÚNTAME
    si ya he comido.
    (A menos que veas que recurro a la comida
    para reprimir mis emociones).

5

Trae comida a la casa, si quieres.
  Mejor si es comida casera
  lista para recalentarse y servirse.

PREGÚNTAME si deseo comer algo en particular.
  Pregúntame sobre la comida
  que más me gustaba en mi infancia,
  o si tengo una dieta especial.

Es probable que sienta atracción por las comidas reconfortantes.
  Averigua si prefiero las comidas cremosas, saladas, blandas, picantes o crujientes.

O PUEDES REUNIR a mis amigos aquí: *takethemameal.com*

Me es difícil comunicar
    esta pérdida a otras personas.
    Encima del torbellino de emociones
    (o aturdimiento)
    que ya siento,
    tengo que lidiar con las reacciones
    y la incomodidad de los demás.

ME AYUDARÍA
    si te ofreces a enviar mensajes
    o a hacer llamadas
    para que no tenga que ser yo de quien
    escuchen primero la noticia.

Existen muchas maneras de usar
la tecnología para estar juntos.

En tiempo real podríamos usar el teléfono,
Messenger, Skype, Zoom o WhatsApp.

O podemos conectarnos en modalidad asincrónica
con Voxer o Marco Polo.

Si es factible para ti, dime que puedo contactarte
en cualquier momento,
24 horas al día.

8

Puede ser que algunas veces me encuentres irritado.
Específicamente, porque la pandemia
me ha causado una pérdida inesperada que estoy
padeciendo.

- Me escucharás gritar en contra de la
  enfermedad
- Llamaré "payasos incompetentes" a los doctores
- Te culparé a ti o a mí por no haber "aplanado la
  curva"
- Atacaré a mis amigos que "no entienden"

Si puedes, quédate conmigo
y permíteme sentir mi enojo.
Esto también pasará.

Si tengo niños,
>   puedes ofrecerte para compartir tiempo con ellos
>   virtualmente o, si es posible, en persona.
>   Sería de mucha ayuda contar con alguien
>   responsable que cuide de ellos hasta que yo pueda
> hacerlo.
>   Piensa que habrá momentos
>   en los que quiera descansar y vivir el duelo sola,
>   sabiendo que mis hijos están a salvo.

AHORA, si uno de mis hijos ha fallecido,
>   comprende que por un tiempo
>   querré ser el único que cuide
>   de los hijos que me quedan.

Verifica si ya me encargué de mis obligaciones.

Pregúntame si ya pagué mis recibos de servicios básicos
o si existe otra responsabilidad financiera urgente
que deba atenderse.
¿Habré ya avisado en el trabajo
que no estoy disponible?

AVERIGUA si me siento abrumada
por las cuestiones legales y financieras que conlleva la situación.

¿HAY algún compromiso
que deba cambiar o cancelar?
Puedes encargarte
en alguna medida del papeleo
o devolver las llamadas.

Si vives cerca, podrías ofrecerte a ayudar con:

- Hacer las compras
- Pasear al perro
- Lavar la ropa
- Llevarme a mis reuniones, citas o turnos

Si tengo dificultades económicas, podrías crear un *GoFundMe*.

Tener que encargarme de tantos detalles puede ser abrumador.

Si tienes facilidad para organizar, puedes ofrecerte a ayudar con alguna de estas tareas:

- Tramitar el certificado de defunción
- Coordinar con los servicios funerarios la cremación o el entierro
- Crear una página web para un homenaje
- Invitar a las personas al homenaje virtual
- Ayudar a dar la bienvenida y llevar un listado de las personas que asistieron
- Ayudar con la correspondencia y las notas de agradecimiento

13

La pandemia eliminó la posibilidad de reuniones presenciales en funerales y homenajes. Es probable que me entristezca el hecho de sentirme privado del consuelo que trae el reunirnos en comunidad para simbolizar este paso de la vida a la muerte.

PODRÍAS OFRECERTE A ORGANIZAR un evento en línea. (Es probable que necesite ayuda con la tecnología).

SIMBOLIZAR este momento con un homenaje
o un tributo en línea como celebración
a la vida de esta persona
es una parte importante en el proceso de duelo.
Me permite ser plenamente consciente
de que esta persona ya no está
y es una oportunidad
para despedirme.

Durante el homenaje
    y el período de luto,
    sé respetuosa con mis prácticas
    religiosas o espirituales, si las tuviese;
    y con las de mis amigos y
    familiares.

Si estoy desorientado en cuanto a cómo hacer el servicio en línea, podrías sugerir con dulzura:

- Alentar a los demás a compartir anécdotas sobre la persona fallecida
- Leer cartas de parte de amigos y familiares
- Incluir bromas y reprender cariñosamente a la persona
- Cantar sus canciones favoritas
- Compartir videos, audios, recuerdos personales, cartas y fotografías

II

REVELACIÓN EN LA FRAGILIDAD

En riesgo

Es bueno usar
la mejor vajilla, la cristalería fina,
el mantel de encaje antiguo.
Naturalmente, hay un riesgo
cada vez que algo se usa
o alguien comparte una intimidad,
o sirve una revelación en una copa de cristal.
Pero no tocar, no mover los artilugios
de la naturaleza humana
es ese estrellarse silencioso, la catástrofe.
Cuando nada se disfruta ni se rompe,
nada se derrama, ni se pronuncia,
nada se mancha, ni se enmienda,
ni se repara.
Nada es jamás vivido, amado, reído, llorado,

nada es perdido
ni encontrado.

–Thomas Carlisle

Es probable que en ocasiones sienta vergüenza de la vulnerabilidad que ha aflorado con el duelo. Puedo mostrarme insegura de cuánto revelar.

A veces, puedes ser *tú* el que sienta incomodidad por no saber cómo comunicarte conmigo mientras atravieso esto.

Algunas veces simplemente nos sentiremos torpes.

Y eso ESTÁ BIEN.

Es normal sentir
como si necesitáramos
permiso
para equivocarnos.

1 8

_____

Por medio de la presente se otorga a
(ingresa tu nombre):

———————————————————

una legítima autorización para
sentir incomodidad
o extrañeza
mientras transita el inusual territorio
de una pérdida.

Esto le confiere el derecho
de estar lisa y llanamente
presente de la mejor manera
que le sea posible.

III

TANTO TIEMPO COMO SEA NECESARIO

El corazón es un músculo que no tiene prisa. Distinto a todos los demás. ¿Cuántas flexiones puedes hacer antes de que los músculos de tus brazos y abdomen se agoten tanto que tengas que parar? En cambio, el músculo de tu corazón continúa trabajando a lo largo de toda tu vida. Puede hacer esto porque en cada latido existe un ciclo de descanso intercalado. Nuestro corazón funciona de forma acompasada.

Y al hablar del corazón en un sentido más amplio, hay una idea implícita de un reposo revitalizante en el centro. En tanto no perdamos de vista el descanso como punto central en nuestras vidas, seremos jóvenes para siempre. Bajo esta luz, el descanso no es un privilegio sino una virtud. No es un

privilegio de algunos que pueden permitírselo,
es la virtud de todos los que estén dispuestos a
dar tiempo a lo que pide tiempo -a dedicar
tanto tiempo como sea necesario según cada
tarea lo demande.

—–Hermano David Steindl-Rast.

En el tiempo de mis abuelos,
existía más apoyo durante el duelo.
Muchas generaciones de la familia se reunían.
Las personas vestían de negro por un tiempo
después del fallecimiento.
Los velorios y el periodo de luto en las casas (_shivá_, en
la tradición judía) eran común.
Ahora, se espera que volvamos al trabajo de inmediato.
Hay una expectativa de que seamos "completamente
funcionales".

EL MÁS MÍNIMO recordatorio que estoy en duelo
y que es posible que para sanar
necesite bajar mis revoluciones,
ayuda mucho.
Aliéntame a ir a mi propio ritmo.
Sé mi recordatorio constante sobre la importancia
de colocar mis necesidades por encima
de las expectativas de los demás.

Incentívame
    a no tomar decisiones
    importantes
    durante un tiempo.

Este cambio en mi vida
    ya es en sí mismo
    descomunal.

Me están pasando tantas cosas
    por dentro
    que cuando estemos juntos,
    sea virtual o físicamente,
    es poco lo que tienes que hacer.
    Es probable que me sienta más cómodo
    cuando inspiras un ambiente
    relajado y tranquilo que me induce
    a sentir que:

- Hay tiempo de sobra
- No hay apuro
- Puedo abarcar el espacio que sea necesario para
    sentir lo que haga falta sentir

Cuando estemos juntos, incluso en la pantalla,
no te compliques.
La mayoría del tiempo,
no hace falta *HACER* algo.
Tu sola presencia me alivia.

Si parece que me mantengo más ocupado
    de lo usual...
    Si me ves acelerado,
    yendo de un lugar al otro...
    Si estoy como anestesiada...
    Si tengo dificultad para llorar...
    Sugiéreme
    dedicar una tarde o una noche a relajarme,
    a no hacer mucho.
    Dime que me dé un baño,
    o que escuche música melancólica*

* * *

*ALGUNAS PERSONAS después de sufrir una gran pérdida descubren un gusto insospechado por la música country, el blues o los mariachis.

Si es seguro reunirnos en persona,
   ven a pasar el rato a mi casa –
   incluso en cuartos separados si es necesario.

PODEMOS SENTARNOS A LEER.
   Preparar una comida.
   Conversar a la luz de las velas.

NADA ESPECIAL.

Y YA QUE esta pandemia ha exacerbado el tiempo virtual,
que te parece si nos mantenemos lejos de los teléfonos y
las pantallas mientras estemos juntas.

Si vivo con más personas,
    habrá ocasiones en las que querré
    la casa para mí solo
    o una tarde para ir al bosque
    a caminar.

AYÚDAME A MANTENER
    estos intervalos de soledad.

ALIÉNTAME
    a reservar algunos días
    en el calendario
    para citas conmigo mismo.

Aliéntame a buscar el contacto con la naturaleza.
Lo simple y lo bello de la naturaleza
pueden ser mi consuelo y
pueden llevarme a ese lugar
en el fondo, sin palabras,
donde puedo contemplar
mi pérdida desde una mirada
más amplia.

ALGUNAS SUGERENCIAS PARA DAR:

- Caminar al aire libre
- Subir a un lugar con vista
- Contemplar el atardecer
- Ir de paseo a la playa o sentarme y escuchar
  pasar el agua del río
- Tumbarme al suelo y contemplar la Vía Láctea

No te afanes en animarme
 o librarme de mis sentimientos.
 Solo transitando con honestidad
 cada uno de los sentimientos
 que surgen, puedo entrar en contacto
 con lo más profundo de mi esencia.
 Esto también
 hace que me confronte
 cara a cara
 con mi propia muerte.

Desde un punto de vista espiritual,
este puede ser un momento importante
para mí.

Aliéntame con dulzura
a tomarme el tiempo
que necesite para cada aspecto
en este proceso
y a vivir cada etapa
intensamente.

IV

UNA CARICIA SUAVE Y TIERNA

Cuando nos preguntamos sinceramente quién ha sido la persona más significativa en nuestras vidas, no es sorpresa descubrir que aquellas que, en lugar de dar consejos sin parar, ofrecer soluciones, o curas; escogieron, en cambio, convivir con nuestro dolor y darles a nuestras heridas una caricia suave y tierna.

–Henri Nouwen, *La Soledad.*

28

Es posible que me notes reservado e inseguro
en nuestro primer encuentro.
Puede ser que desconozca tus intenciones.

No aparezcas
con un gran plan para hacer.
Para mí, lo primero y más importante
es establecer confianza
y sinceridad en nuestra interacción.

Lee mis señales; cédeme el control.
Es posible que no sepa qué es lo que quiero,
pero detecto bastante rápido lo que no.
Mantente atenta al mínimo indicio
de resistencia y respétalo.

CUANDO ME PROPONGAS ALGO,
asegúrate de darme
la posibilidad de hacer algo más,
o incluso de hacer nada.

HAY días en los que no quiero *hacer* nada.

Si te está siendo difícil
    entender mis mensajes, prueba esto:
    Haz una pausa e imagina que estás
    en mi lugar.

IMAGINA QUE HAS PERDIDO a alguien
    súbitamente
    y lo que podrías estar
    sintiendo.
    Imagina lo que podrías
    pedir de quienes
    te rodean.
    Es posible que descubras
    que lo único que quieres
    es amor y aceptación.

A tu manera,
    dime que me quieres
    y tus porqués.

HÁBLAME sobre
    mis fortalezas.
    Recuérdame de mis
    mejores atributos.

Envíame mensajes, textos
    o e-mails.
    Mejor aún, envíame algo tangible
    como tarjetas y flores.
    Recuérdame que soy importante para ti.
    Escríbeme una carta de amor.
    Cuéntame lo que recuerdas
    de la persona que falleció.

A VECES REQUIERE un esfuerzo
    muy grande de mi parte buscar ayuda.
    Llámame con frecuencia
    y deja recados sencillos.
    (Dime que está bien no responder).
    Si sientes que estás siendo demasiado insistente,
    pregúntamelo.

33

Averigua los momentos que me resultan más difíciles.
   No me extrañaría
   que fuera los sábados por la noche
   o los domingos.

SUGIÉREME QUE CONECTEMOS.
   Pregúntame qué desearía hacer
   y si quisiera que alguien más se una
   a los planes, ya sea en forma virtual,
   o si es posible, en persona.

Con todo lo que está pasando,
    mi cuerpo puede haber quedado en el olvido.
    Aliéntame a ejercitarme.

SEA en forma virtual o en persona,
    acompáñame a hacer estiramientos
    suaves que me hagan volver
    a *casa*.
    O acompáñame en actividades
    que hagan que mi cuerpo se mueva,
    mi corazón se acelere,
    y me pongan a sudar.

Si es seguro reunirnos físicamente,
    ofrece masajear mis pies
    o mis manos.
    Acaricia mis hombros.
    Pregúntame si deseo
    un masaje completo.

O ACOMODÉMONOS en el sofá
    mientras nuestros pies se acarician.

Mi impulso sexual puede disminuir
  por un tiempo.
  O incrementar.
  Si nuestra relación es sexual,
  sé sensible.

ABRIRME en la intimidad
  puede hacerme sentir
  especialmente vulnerable.
  Mis mejillas podrían humedecerse mientras
  hacemos el amor.
  Podría ser que estas lágrimas sean justo
  lo que necesito.

Ayúdame a rodearme
de belleza.

Apóyame para que mi espacio personal
inspire paz y armonía.

- Pregúntame qué colores me gusta vestir
- Que haya flores en la cocina
- Que tenga presente la música que me gusta

Diseñemos un ritual juntas.

Puede ser muy sencillo. En línea o físicamente, podemos:

- Encender una vela a la par del retrato del fallecido
- Entonar sus canciones favoritas
- Recordar anécdotas de cuando fueron más amorosos, valientes, insoportables o divertidos
- Escribir, dibujar o bailar nuestros sentimientos acerca de esta pérdida
- Cantar, orar o meditar juntos
- Clamar su nombre

9

Mucho de ti está puesto en mí.
    Recuerda: *debes cuidarte.*

SÉ CONSCIENTE DE TUS LÍMITES.
    No te excedas.
    Si te resultan intolerables el llanto
    y los enojos, házmelo saber y retírate
    cuando llore o explote.

Toma tiempo a solas cuando lo necesites –
ya sea en el cuarto de al lado, en la naturaleza
o de la manera que mejor te funcione.

V

VISTE CON PALABRAS TU DOLOR

Dad voz a las desdichas. El dolor que en palabras
no se expresa, callado dice al corazón que
estalle.

–William Shakespeare.
(Trad. de Ángel Luis Pujante).

Intento comprender
    lo que ha golpeado mi vida,
    y al poner mi experiencia y
    mis sentimientos en palabras
    intento darle
    sentido a mi vida de ahora,
    tan diferente.

¿PUEDO HABLAR CONTIGO?

¿ESCUCHARÍAS MIS HISTORIAS?

No sé cómo describir
　　lo que me sucede por dentro.
　　Pero necesito intentarlo.
　　Y tomará un tiempo.

PREGÚNTAME,
　　"¿cómo te sientes hoy?"
　　Cuando realmente tengas el tiempo
　　y la disposición
　　para escuchar la respuesta.

A veces me encasillaré
    con la idea de decir "lo correcto"
    o lo que creo que quieres escuchar.

Cuando hablemos, me ayudará sentir
    que no hay ningún otro lugar
    en el mundo donde preferirías estar.

Recuérdame que no estoy aquí
    para entretenerte o protegerte.
    Y si es posible, escucha,
    en silencio, lo que tengo que decir.
    Un silencio abierto y tranquilo.

Si no hay riesgo
  en estar juntos,
  sitúate de pie,
  sentada o acostada
  al mismo nivel
  que yo.
  Mantén tu cuerpo disponible,
  tus brazos y piernas
  descruzadas.
  Relájate.
  No evites
  el contacto visual
  (tampoco lo fuerces).
  Si lo sientes apropiado,
  pregúntame si está bien
  que me toques.

Es útil cuando das señales
   que demuestran que estás escuchando.

PALABRAS, frases y preguntas como:

- ¿En serio?
- ¡Umm!, ¡ajá!, y ¡uy!
- ¿Cómo te hizo sentir eso?
- Eso es horrible...
- ¿Qué sucedió después?

Esto me indica
que estás escuchando
y que te interesa.

45

Es posible que las preguntas de "sí" y "no" me incomoden:

- ¿Eran felices juntos?
- ¿Estás sufriendo?
- ¿Quedaste satisfecho con el homenaje?

Porque una vez que conteste "sí" o "no",
ya no sabré qué más decir.

EN CAMBIO, usa preguntas y frases abiertas como:

- ¿Cómo se conocieron...?
- ¿Cómo era su relación al final...?
- Cuéntame uno de tus recuerdos favoritos...

De esta manera me motivarás a hablar.

No intentes abstraerme de mis sentimientos
   con conversaciones intrascendentes.
   En este momento, distraerme de mi duelo
   es lo que menos me sirve.
   Tampoco es necesario
   que finjas solemnidad.
   De hecho, un poco de sentido del humor
   es justo lo que necesito.
   El humor usado con gracia
   con frecuencia
   trae consigo movimiento, ligereza
   y un entregarse profundo a la emoción.

Siempre y cuando yo lo haga antes,
    introduce algo de humor negro.
    Y no te escandalices
    cuando yo haga
    bromas sobre el muerto...
    A veces,
    la actividad más sanadora
    es reírse de la muerte. *

* * *

*Un hombre que pertenecía a un grupo de apoyo al duelo y había estado casado durante 52 años estaba a punto de cruzar la frontera con las cenizas de su esposa. Al imaginarse qué diría en el caso que un oficial de migración intentara abrir la urna, pensó: "Si mete su mano en la urna, tendré que decirle: '¡Oye! Saca la mano de las cenizas de mi esposa'".

No te sorprendas cuando
    me rodee de fotografías
    de mi ser querido…
    O cuando duerma con su camisa puesta...
    O cuando visite los lugares
    a donde solíamos ir...
    O cuando haga cualquier otra cosa
    que me provoque revivir su memoria.

O CUANDO, por el contrario, esconda
    todo lo que me traiga recuerdos.

Deleitémonos en el pasado
juntas.
Cuéntame anécdotas
de la persona que murió.
Una invocación de su memoria
que lo traiga de vuelta.
Permíteme contar las historias
sobre nuestra relación –
sobre los placeres y las traiciones,
sobre las aventuras y las desventuras.
Y deja que te cuente sobre el vacío
que siento en el pecho.

50

Procura no filosofar
    ni te afanes con hacerme sentir mejor.

ESTO DESMERITA mis sentimientos y
    me siento juzgada por mi dolor.

Ten cuidado de usar expresiones como estas:

- Todo estará bien
- Siempre estará junto a ti
- Qué bien que ya no está sufriendo
- Estoy segura de que ahora nos cuida desde el cielo
- Piensa en lo afortunado que eres de haber vivido tanto tiempo juntos
- Un día mirarás hacia atrás y verás…

Cuando escucho frases que buscan contrarrestar
mis sentimientos,
a veces me producen confusión y
molestia.
Estoy doliente y las emociones
que surgen son parte del proceso de sanación.

. . .

Sɪ ᴇɴ ᴀʟɢúɴ momento digo cosas como: "Esto es horrible" o "esto no está bien". Responde con algo que valide mi estado: "Tienes razón, es horrible. No tiene nada de justo".

Y ᴇɴ ʟᴜɢᴀʀ ᴅᴇ ᴅᴇᴄɪʀ: "Cuánto lo siento", di algo como: "No puedo ni siquiera empezar a imaginar por lo que estás pasando" o "es doloroso verte atravesar una pérdida tan grande".

Más estereotipos a evitar:

- Debes ser fuerte (por la familia/por los niños etc.)
- Estoy segura de que ella no querría verte llorar
- No estás solo –muchas personas han pasado por esto
- Por lo menos no sufrió por mucho tiempo
- Dios jamás te dará algo que no puedas manejar
- Deberías estar agradecida por lo que vivieron (o cualquier otro "deberías")

No intentes
    resolver "mis problemas".
    Frena tu impulso de darme
    consejos*
    Y si te pido un consejo, podrías
    preguntarme primero:
    "¿Qué piensas tú?"
    O: "¿Cómo te sientes tú con eso?"
    Y por favor
    no vengas con sermones.

SIMPLEMENTE QUÉDATE A MI LADO –
    como un igual, un ser humano, un amigo.

* * *

*Si sientes la urgencia de aconsejar, entonces sugié-
reme que acepte la ayuda de mis amigos. Es probable que
esté teniendo dificultades con esto.

Si ambas perdimos a alguien
   a causa del virus,
   podemos ser un recurso
   invaluable para la otra
   en este tiempo tan difícil.
   Podemos ofrecer
   oídos atentos
   llenos de compasión.
   Respetemos nuestros tiempos
   y estilo particular
   de vivir el duelo,
   aunque se trate
   de una pérdida similar.

No tengas miedo
    de pronunciar su nombre.

DIRÉ ESTO UNA VEZ MÁS:

NO TENGAS miedo
    de pronunciar su nombre.

* * *

No hace falta...

* * *

* * *

* * *

* * *

* * *

* * *

llenar...

* * *

* * *

* * *

* * *

* * *

* * *

* * *

* * *

* * *

...los silencios.

Y luego del silencio,
  quizás quiera decir:
  "Es gigantesco lo que me das".

ALGUNAS VECES solamente quiero
  que sepas que estoy eternamente
  agradecida por tu compañía.

VI

MI CORAZÓN Y EL MAR.

Señor, ya me arrancaste lo que yo más quería.
Oye otra vez, Dios mío, mi corazón clamar.
Tu voluntad se hizo, Señor, contra la mía.
Señor, ya estamos solos mi corazón y el mar.

–Antonio Machado.

60

Las lágrimas son
  el bálsamo natural
  para las heridas emocionales.
  Sentir que llorar es permitido
  es el acto más amoroso
  que me puedes ofrecer.
  Cuando lloro demuestro la confianza que te tengo.
  Confío lo suficiente en ti
  para revelarme
  en este lugar vulnerable.
  Recuerda que mi llanto
  no será eterno
  (y que llorar, algunas veces, nos lleva a reír).

Está bien si también lloras.
Pero no *esperes* verme llorar.
A veces, he usado
todas las lágrimas que tengo,
o puedo ser del tipo que no le gusta
llorar en presencia de otros.
En cambio, puede ser
que simplemente suspire.

Si verme llorar es demasiado
para ti,
si te hace sentir consternada
o confundida.
Dímelo.
Encontraremos una solución.

En algunos momentos,
surgirán diferentes voces en mi interior:

- No lo valoré lo suficiente
- La odio por haber muerto
- Si tan solo…
- Todo es culpa mía
- Todo es culpa suya
- Debería haber muerto yo
- Esto me sobrepasa, es demasiado, tengo miedo
- Jamás volveré a amar

Estas voces están acompañadas
de emociones fuertes.
Si confío lo suficiente en ti
como para contarte acerca de ellas,
no las invalides.
No respondas con frases como estas:
"Oh no, eso no es cierto; estarás bien";
o "hiciste lo que pudiste";

o "sin duda volverás a amar".
Reconoce que estos
son mis sentimientos
en este momento.
Reconoce cuán difícil es esto,
en lugar de decir
que lo que siento no es real
o que será diferente
en un futuro cercano.

Déjame ahora con mis sentimientos.
La perspectiva vendrá después.

Quiero contarte
    sobre los días que compartimos,
    cómo nos conocimos.
    Quiero decirte que me siento mal
    por no haberla valorado lo suficiente
    cuando estaba viva.
    Quiero mostrarte su fotografía
    y contarte los planes que teníamos.

…CUANDO ME TRATABA MAL,
    de los tantos obsequios que me daba,
    de su mal carácter.

QUIERO DECIRTE que me siento culpable
    porque una parte de mí
    siente alivio de que haya muerto.

            . . .

Quiero exclamar: "¿POR QUÉ?"
    ¿Por qué ella?
    ¿Cómo pudo pasar esto?
    ¿Cómo Dios pudo hacer algo así?
    Quiero gritar:

"¡NO! ¡ESTO NO PUEDE SER CIERTO!"

Si las emociones
    me rebasan, y las palabras
    no parecen fluir.
    Puedes tranquilizarme diciendo
    frases como:
    "Toma tu tiempo".
    "Todo está bien".

QUE SEA yo quien más hable.
    Siente la confianza de hacer preguntas,
    pero ten tú también tus propias respuestas,
    así evitaremos que se convierta un interrogatorio.

UNA VEZ QUE EMPIECE A HABLAR,
    por favor, no cambies el tema.
    Si empiezas a abrumarte, dímelo.

A veces,
    me dicen:
    "Te entiendo".

ESTO ME HARÁ ENOJAR.
    Ni si quiera yo puedo alcanzar
    a comprender la profundidad
    de mis sentimientos en este momento,
    ¿cómo podría alguien
    más entenderme?

MEJOR DI:

- No puedo imaginar lo que estás pasando...
- Estoy aquí contigo…
- Quiero saberlo todo…
- No parece justo…
- Estaré cerca para cuando estés lista…

Al escuchar mis historias,
es posible que regresen las memorias
de tus propias pérdidas y pesares.

CUÉNTALAS.

CUANDO ESCUCHO ANÉCDOTAS y recuerdos similares,
me ayuda a pensar que no estoy loco,
a pesar de todo lo que sucede en mi interior.

PERO NO TE EXTIENDAS,
pues dejaría de estar en contacto con mis
emociones.

Si estoy enfadada,
 ofrece tu compañía
 para ir a las vías del tren.
 Allí donde puedo gritar
 a los cuatro vientos
 mientras el tren nos pasa de largo.
 Guíame con cautela
 en el acto de gritar y
 patear almohadas
 en mi casa.
 También funciona expresar
 mi ira junto al mar.
 Mis gritos, entonces,
 pueden ahogarse
 en su inmensidad.

Si te sientes fortalecida,
    quédate conmigo mientras
    le reclamo a Dios.
    ¡Por esta injusticia!
    ¡Porque murió!
    ¡Porque el virus la mató!
    Dios no necesita
    que lo defiendas.
    Algunas veces, debe decirse
    en voz alta
    lo que se siente
    (en voz muy alta).

Algunas veces estaré intensa,
algunas veces estaré irracional,
algunas, ausente.
Por momentos, no será fácil quedarse
a mi lado.

Pero te aseguro,
que estoy agradecida de que estés conmigo
mientras atravieso esto.
Te *necesito* acá.
Y aprecio tu decisión
de quedarte a mi lado,
a pesar de la incomodidad.

Recuerda ser sensible
    con lo que sientes.

Si te sientes contrariado por mi rabia,
    di "estoy incómodo",
    en lugar de cambiar de tema
    para distraerme.

Si sientes ansiedad o miedo,
    no actúes
    como si eso no pasara.
    Dímelo.

Ser sinceros nos acercará.

Hay espacio para tus sentimientos...

...AUNQUE, procura no entrar
    en tal conmoción
    que acabe yo teniendo
    que consolarte y cuidarte a ti.

En realidad, lo que sea que digas
   o hagas
   no es lo más importante.
   Tu esfuerzo de abrirte conmigo,
   de estar en un lugar vulnerable,
   incómodo tal vez, y compasivo
   en tu corazón,
   será tan sanador para ti
   como para mí.

ESTAR conmigo
   durante este tiempo sombrío
   puede requerir más energía
   de la que habías pensado.
   Pero puede crear un vínculo fuerte
   de amistad
   entre nosotras.

VII

HUESO POR HUESO

Existe un dolor – tan absoluto-
Que consume la sustancia
Inunda el Abismo con un Trance
Pasa entonces la Memoria
Alrededor – a través – encima
Como quien en un Desmayo camina a salvo
Por donde – con un ojo abierto – caería –
Hueso Por Hueso

–Emily Dickinson.

A veces las personas
jerarquizan las muertes.
Piensan que es mejor morir
a causa de una falla cardíaca que por cáncer–
a causa de cáncer que por SIDA –
a causa de SIDA que por suicidio.
No permitas que tus juicios interfieran
con la compasión que puedas
sentir hacia mi pérdida.

SÉ CONSCIENTE de que he perdido a alguien a causa del
coronavirus.

TU SENSIBILIDAD y empatía
con esta pérdida en particular
son bien recibidas.

No hubo tiempo para una despedida apropiada. Me destroza no haberle dicho adiós en persona.

Me los arrebataron. Nos despedimos en la ambulancia o en la entrada del hospital.

En un segundo todo cambió.

Y lo peor de todo, la soledad fue su única compañía.

Si perdí a un hijo a causa del virus,
Estoy en un lugar especialmente sensible.
No estamos hechos para vivir este tipo de muerte.
No se supone que enterremos a nuestros hijos.
Esta muerte "antinatural" se siente
diferente a cualquier otra.

No COMPARES esta pérdida con
la muerte de un padre,
una cónyuge
o una mascota.

Algunos estereotipos que deberías evitar
en torno a la muerte de un hijo:

- Dios quería otra flor en su jardín
- Bueno, pero todavía tienes a _____
- Al menos fue ahora y no más adelante cuando estuvieras todavía más apegado
- Puedes tener otro hijo en cualquier momento

Si puedes, acompaña
   a mis hijos y su duelo.
   Al igual que cuando estuviste conmigo,
   escúchalos
   con oídos atentos.
   Es importante tener cuidado
   con el uso de eufemismos
   como: "Se ha ido lejos",
   "nos dejó" o "está durmiendo".
   Estos podrían ser malinterpretados
   y causarle ansiedad al niño.

COMUNÍCALES que mis emociones
   de pesar o enojo o mi ausencia
   emocional son por causa
   de la persona que murió.

ASEGÚRALES que ellos

no son los responsables
de mis sentimientos:
"No está triste por algo
que hayas hecho tú; está llorando
porque siente pena
de que tu abuelo murió la semana pasada".

PUEDEN INVENTAR juntos
    pequeños rituales de despedida –
    hacer un dibujo, escribir una carta,
    apagar una vela en memoria del fallecido.

Ellos muertos y yo, viva.

SI ESCUCHAS QUE MENCIONO INSOMNIO, pesadillas o irrita-
bilidad–

Si notas que me sobresalto con facilidad o estoy demasiado alerta–

Si me encuentras rumiando sobre el sentido de la vida
–

Si escuchas que digo cosas como:

- "Debería que haber sido yo…"
- "Yo sigo acá y ellos se han ido…"
- "No merezco estar acá…"

Soy víctima de una reacción común a este tipo de
tragedias:

La culpa del sobreviviente.

8 0

___

Si descubres que padezco *la culpa del sobreviviente,*
    recuérdame que estoy atravesando
    una experiencia desgarradora,
    y que soy importante para ti
    y que es un alivio
    que esté vivo.

VALIDA lo que estoy sintiendo en este momento. Dime que estos sentimientos son comunes para quienes sobrevivieron tragedias como estas. *

SI TÚ TAMBIÉN HAS PERDIDO A ALGUIEN y, al igual que yo, experimentas sentimientos de culpa, házmelo saber. Así no me siento solo.

. . .

RECUÉRDAME que todo sucedió en circunstancias extremas y que estas olas de sentimientos son parte del proceso de duelo.

* * *

* Los estudios demuestran que hasta un 90% de los sobrevivientes de un suceso como este experimentan sentimientos de culpa.

Si escuchas que digo cosas como,
"Estaría mejor muerto".
Pregúntame si estoy pensando en el suicidio.
Si respondo "sí", pregúntame si he pensado cómo lo haría.
Si respondo "sí", llévame de inmediato a:

- Un terapeuta
- Un guía espiritual
- Un miembro de la Iglesia
- La línea de emergencia para prevención de suicidios

Si me ves refugiarme en el alcohol,
en las drogas o en el Internet,
ofrece una ayuda similar.

Y ASEGÚRATE de que haya personas

que me busquen y se mantengan
en contacto conmigo en todo momento.

Si poseo un arma,
    y me ves excesivamente
    perturbada, sugiere
    hacerte cargo
    de ella por un tiempo.

Y DIME que en verdad
    soy muy importante para ti
    y que odiarías que algo
    malo me ocurriera.

Contáctame con personas o grupos que hayan sobrevivido a una pérdida similar.

PUEDES ENCONTRAR información sobre grupos de apoyo al duelo en la Web o en hospitales de la localidad.

SI HE PERDIDO UN HIJO, comunícate con el grupo de *Compassionate Friends* y solicita que uno de sus miembros se ponga en contacto conmigo:
   www.compassionatefriends.org

VIII

MANANTIAL DE NUEVA VIDA

Anoche cuando dormía
soñé, ¡bendita ilusión!,
que una fontana fluía
dentro de mi corazón.

Di, ¿por qué acequia escondida,
agua, vienes hasta mí,
manantial de nueva vida
de donde nunca bebí?

Anoche cuando dormía
soñé, ¡bendita ilusión!,
que una colmena tenía
dentro de mi corazón;

y las doradas abejas
iban fabricando en él,
con las amarguras viejas

blanca cera y dulce miel.

Anoche cuando dormía
soñé, ¡bendita ilusión!,
que un ardiente sol lucía
dentro de mi corazón.

Era ardiente porque daba
calores de rojo hogar,
y era sol porque alumbraba
y porque hacía llorar.

Anoche cuando dormía
soñé, ¡bendita ilusión!,
que era Dios lo que tenía
dentro de mi corazón.

–Antonio Machado.

Ahora que ya ha pasado un tiempo,
    y que el brote de la pandemia quedó atrás,
    siento más vitalidad.
    Puedo ver las señales
    de vida a mi alrededor.

ESTA MUERTE ES parte de mí ahora,
    pero empiezo a recordar
    a la persona con más sentimientos
    de amor que de desosiego.
    El mundo vuelve a ser un lugar atractivo.
    Tengo más energía
    para dar, a ti y a otros.
    ¡Siento la efervescencia de la vida
    en todo lo que me rodea
    (y habita)!

Llega un momento
   donde la estructura puede ser útil.

ALIÉNTAME A AGENDAR
   algunas actividades.
   Acompáñame a caminar,
   a nadar,
   a hacer deportes,
   o a cualquier tipo de salida.
   Recuérdame de las actividades
   que me gustan.

HAZ que me involucre en algún proyecto –
   en especial aquellos donde pueda ayudar
   a personas más desafortunadas.

Trae animales a casa
   y niños
   y plantas
   que me hagan
   compañía y evoquen
   vida.

Continúa enviando cartas o correos
electrónicos, aunque parezca que todo
ha vuelto a la "normalidad".

TRANSCURRIDO UN TIEMPO, puedes saludar
sin hacer referencia a la pérdida.

No presupongas que terminé
de hacer mi duelo –
a las semanas, meses
o incluso años después del suceso.

Tu apoyo y cariño serán
siempre bien recibidos...

...aunque, si después de un tiempo,
ves que mi vida se ha *estancado*
en el duelo, aliéntame a buscar
ayuda profesional o a asistir
a un grupo de apoyo
al duelo.

89

Un detalle muy especial
    que puedes tener conmigo
    es buscarme o pasar tiempo conmigo
    cerca de las fechas difíciles:

- cumpleaños: de la persona fallecida y mío
- festividades
- aniversarios de su muerte

Todavía es muy fácil para mí
enredarme en los ritmos
y en las necesidades de los otros.
Es probable que veas que hay quienes
me asfixian con un exceso
de sus bien intencionadas atenciones.

Puedes jugar a ser mi "escudo".
Si ves que un parlanchín
se acerca y su conversación
empieza a abrumarme, abórdalo
y que hable contigo
mientras yo huyo
de esa conversación.

¿Qué te parece si tú y yo
    salimos a divertirnos?
    Aliéntame a socializar,
    podría empezar con grupos
    pequeños y luego ir
    aumentando.
    Alienta reencuentros
    con viejos amigos y que conozca
    personas nuevas.
    Acompáñame
    en mi salida
    de nuevo al mundo.
    Tu compañía me vendría bien
    para ir al trabajo,
    asistir a una clase,
    pasar algunas horas en la playa
    o en el parque.

Ahora estoy mucho más sensible y perceptiva
    por el abanico de emociones
    con el que he estado viviendo.
    Me he abierto desde adentro
    a formas nuevas y estimulantes
    de experimentar a las personas,
    a la naturaleza y al mundo.

HABIENDO LA TRISTEZA DISMINUIDO,
    siento más energía.
    Esta combinación de incremento
    de energía y sentidos agudizados convierte
    este tiempo en un momento ideal
    para la creatividad.
    Indúceme a practicar
    actividades artísticas y creativas.
    Acompáñame, si nuestros
    intereses son similares.

Sabes que ha sido un camino difícil.
Incluso, a veces, dudé si saldría
de esto.
Pero con tu presencia, tu apoyo y
tu disposición para escuchar,
día a día me he sentido
un poco más vivo.

Lo ESTOY LOGRANDO,
y reconozco que en gran medida es
gracias a ti, por tus atenciones
y tu dedicación.

IX

MI QUERIDO AMIGO

Hemos llegado casi al final de esta guía,
pero no del todo...
Ahora es tu turno de completarla.

RECUERDA que tu forma de demostrar
cariño es muy particular.
Usa estas sugerencias
como referencia
y luego exprésate
de la manera
que se sienta más natural.

Confía en ti.

A veces, cuando somos llamados
a ayudar, es un momento
en el que expandimos nuestra percepción
de quienes somos como seres humanos.
Es posible que después de acompañarme
en este duelo,
notes que has cambiado.

Tu firmeza para embarcarte
en esta hazaña me caló hondo
y estoy muy agradecido.

Mi querida amiga,
    ¿cómo decir lo importante
    que ha sido tu apoyo durante este tiempo?

Estuviste cerca mío durante
    un tiempo sumamente complicado
    para mí.
    Tus cuidados y compasión
    me han ayudado a sanar y
    madurar hacia una vida
    más plena.

Jamás olvidaré que hemos compartido
    los momentos más vulnerables
    y los más íntimos que se pueden
    vivir acompañados.

                    . . .

GRACIAS.
Quiero decirte
que te quiero.

* * *

POSTFACIO

Querido lector,

Escribí la edición original de este libro como un acto de amor después de perder a mis padres y a una amiga muy querida uno atrás de otro.

Como has llegado hasta aquí en el libro, imagino que estás en uno de dos grupos. Si alguien cercano a ti ha muerto, desde el fondo de mi corazón, espero que encuentres algo de consuelo en estas palabras. Si estás en la posición de acompañar, espero que este libro haya sido una herramienta útil para estrechar su relación.

A medida que avanza esta pandemia, el círculo de personas que necesitan de esta información se expande cada vez más. Este es un tema delicado. Los tres grandes, Facebook, Amazon y Google han rechazado muy atinadamente cualquier publicidad con las palabras "Covid-19" o "coronavirus", para evitar la especulación. Esto me hace más difícil la llegada a aquellos que podrían necesitar del libro con urgencia.

Resulta, una vez más, que la mejor manera de llegar a la gente es de boca en boca. Si este libro te ha sido útil, ayúdame a correr la voz. Puedes publicar en las redes sociales cómo te ayudó, escribir reseñas y compartir el libro en los grupos en línea de apoyo al duelo.

También puedes apoyar a alguien en su duelo dándole este libro como regalo. Te sugiero que le envíes la versión impresa, para que tenga algo a que aferrarse.

Muchas gracias por tu ayuda. En estos tiempos insólitos necesitamos más que nunca de los demás.

Te mando un abrazo desde mi casa en el mar de Salish,

Martin Keogh.

* * *

P.D. Para finalizar, quisiera volver al inicio:

Aquel amigo que puede acompañarte en silencio en un momento de confusión o desesperación, aquel que permanece en un momento de duelo o ante una pérdida, aquel que puede tolerar el no saber, no sanar, no curar y que puede enfrentar con nosotros la realidad de nuestra impotencia, ese es un amigo a quien le importa.

–Henri Nouwen, *La Soledad.*

AGRADECIMIENTOS

Este libro está dedicado a la memoria de mis padres, Linda y John Keogh, y a Guillermina Villarreal Sautto (Grillo).

Mi madre, Linda, era una artista apasionada que apreciaba ser el centro de atención. Le encantaba cocinar, comer, crear y recibir halagos. Mi padre, John, fue un atleta toda su vida, así como un hombre digno y reservado. Tenía un sentido del humor crudo y una gran afición por el lenguaje y el ocio. Mi amiga del alma, Grillo, amaba a la gente, y la gente la amaba a ella. Su presencia y su sonrisa podían desarmar a un burócrata, un motoquero rudo o una amiga cercana.

Escribí este libro como un tributo a la vitalidad y el amor que ellos transmitían y al papel tan importante que desempeñaron en la vida de muchas personas, incluida la mía.

* * *

El espíritu de Jeanette Soria ha tocado cada palabra en este libro. Agradezco profundamente por su amor por el lenguaje, sus evidentes habilidades de comunicación y su disciplina y maestría como traductora. Estoy agradecido por las sugerencias de Gabriela Wolochwianski, cuyo oído refinado contribuyó a la prosa y poesía en estos capítulos.

Me siento profundamente agradecido con las personas que entrevisté y quienes aportaron al manuscrito con sus comentarios. Entre ellos, trabajadores de hospitales de cuidados terminales, terapeutas de duelo, sacerdotes, parteras y enfermeras de cuidados paliativos.

Este libro no existiría sin el apoyo de Kristelle Sim, Elianne Obadia, Mick Diener y Nina Keogh, quienes ayudaron a darle forma y poesía.

Los siguientes amigos tuvieron la generosidad de compartir sus opiniones sin reservas: Byron Brown, Cynthia Williams, Deborah Watrous, Dharamkaur Sing Khalsa, Diana Sorus, Donna Brook, Gretchen Spiro, Heather Snow, Jane Baas, Jen Boyak, Jill Cooper, John Davies, John Doyle, John Johnson, Liz Rozner, Lucia Walker, Mary Ford, Megan Lundrigan, Owen Jones, Peggy Dobreer, Rick Wilkes, Robert Bly, Sara Zolbrod, Steve Bryson, Sue Earle y Tamara Ashley.

Por el aliento de vida, estaré eternamente agradecido con Liza Keogh.

* * *

Martin Keogh fundó *The Dancing Ground,* una organización que ofrece conferencias y simposios sobre género, raza y mitología. Ha producido y enseñado con personajes notables como Joseph Campbell, Robert Bly, Clarissa Pinkola Estés, Coleman Barks, James Hillman y muchos otros.

Después de asistir a la Universidad de Stanford, Martin recorrió 40.000 km haciendo autostop por Norteamérica y pasó un tiempo viajando a monasterios en Japón y Corea. En 1979, se convirtió en maestro Dharma y director del centro zen *Empty Gate* en Berkeley, California.

Martin fue nombrado Especialista *Fulbright* Senior por su contribución al desarrollo de la forma de danza interpersonal en pareja, *Contact* Improvisación. Durante más de cuatro décadas, dio clases magistrales, conferencias de maestros y capacitaciones intensivas en 32 países en seis continentes.

Los escritos de Martin han sido traducidos a nueve idiomas. Es autor de *Dancing Deeper Still,* Intimately Rooted Books, 2018 (*Bailar la quietud* es la versión en español) y editor de *Hope Beneath Our Feet: Restoring Our Place in the Natural World,* North Atlantic Books, 2010.

Después de la pérdida de tres seres queridos uno tras otro, Martin reunió información de profesionales en el campo del duelo, incluidas enfermeras de cuidados paliativos, trabajadores en hospitales de enfermos terminales, sacerdotes y terapeutas de duelo. Esta información se sintetizó para el original, *As Much Time as it Takes: A Guide to Healthy Grieving,* Intimately Rooted Books, 2018.

Martin vive con su familia a orillas del mar de Salish en Columbia Británica.

www.martinkeogh.com